¡Comunícate!

El habla animal

Dona Herweck Rice

Créditos de publicación

Rachelle Cracchiolo, M.S.Ed., *Editora comercial*
Conni Medina, M.A.Ed., *Gerente editorial*
Nika Fabienke, Ed.D., *Realizadora de la serie*
June Kikuchi, *Directora de contenido*
Caroline Gasca, M.S.Ed., *Editora superior*
Sam Morales, M.A., *Editor asociado*
John Leach, *Editor asistente*
Kevin Pham, *Diseñador gráfico*
Jill Malcolm, *Diseñadora gráfica básica*

Créditos de imágenes: Todas las imágenes de iStock y/o Shutterstock.

Library of Congress Cataloging-in-Publication Data

Names: Rice, Dona, author.
Title: ?Comunicate! : el habla animal / Dona Herweck Rice.
Other titles: Communicate! Animal talk. Spanish
Description: Huntington Beach : Teacher Created Materials, [2019] |
Identifiers: LCCN 2018009325 (print) | LCCN 2018012129 (ebook) | ISBN 9781425826215 (ebook) | ISBN 9781425826864 (paperback)
Subjects: LCSH: Animal communication--Juvenile literature.
Classification: LCC QL776 (ebook) | LCC QL776 .R5318 2019 (print) | DDC 591.59--dc23
LC record available at https://lccn.loc.gov/2018009325

Teacher Created Materials
5301 Oceanus Drive
Huntington Beach, CA 92649-1030
www.tcmpub.com

ISBN 978-1-4258-2686-4

Los animales usan sus cuerpos para hablar.

Los elefantes hablan con sus trompas.

Se tocan.

Los perros hablan con sus colas.

Las menean.

Los cangrejos hablan con sus pinzas.

Las alzan.

Las abejas hablan con sus cuerpos.

Bailan.

Los animales hablan de muchas maneras.